Wie ein Tropfen im Ozean

Wie ein Tropfen im Ozean

Hundert Worte von Mutter Teresa

Herausgegeben
von Wolfgang Bader

VERLAG NEUE STADT
MÜNCHEN · ZÜRICH · WIEN

Worte einer guten Mutter legt man nicht auf die – literarische oder theologische – Goldwaage. Dankbarkeit und Anerkennung schenken das rechte Verständnis und geben den Worten einen eigenen Wert. Und kurz nach dem Tod einer Mutter erinnert man sich gerne an Worte, die sie oft gesagt hat, die man vielleicht auch oft überhört hat und die dennoch eine Spur im Herzen hinterlassen haben.

Aus diesem Anliegen ist dieses Büchlein entstanden, in dem Worte der Mutter Teresa zusammengetragen wurden. Worte, bei denen man unwillkürlich denkt: Ja, so war sie. Worte, die den vielen Bildern von ihr Klang verleihen und Hintergründe aufzeigen. Wor-

te von einer Frau, die weniger mit dem Mund als durch die Tat, mit ihren Händen und Augen gesprochen hat. Kurz: Worte, aus denen ein erfülltes, mutiges und entschiedenes Leben spricht.
Solche Worte können wenige Menschen sagen. Mutter Teresa war einer von ihnen. Daher möge auch unser Wort „Danke“ nicht toter Buchstabe sein.

Wolfgang Bader

Wir sind uns bewußt,
daß das, was wir tun,
nur ein Tropfen im Ozean ist.
Aber gäbe es
diesen Tropfen nicht,
würde er im Ozean fehlen.

Es kommt nicht darauf an,
was wir tun,
sondern darauf,
wieviel Liebe wir
in das stecken, was wir tun.
Kleine Dinge
mit großer Liebe.

Ich bin Gottes Bleistift.
Er darf schreiben,
was er will.

Jeder Mensch
ist für mich
einzig auf der Welt.

Um jemandem Liebe zu geben, müssen wir in engen Kontakt zu ihm treten. Wenn wir darauf aus sein wollten, große Zahlen zu erreichen, würden wir uns in Zahlen verlieren, statt dem einzelnen Menschen mit Liebe und Achtung zu begegnen. Ich glaube an das, was von Mensch zu Mensch geschieht. Jeder Mensch ist für mich Christus; und da es nur einen Jesus gibt, ist die Person, der ich gerade begegne, in diesem Moment die einzige Person auf der Welt.

Ihr könnt nicht zwei Menschen
vollkommen lieben;
aber ihr könnt alle Menschen
vollkommen lieben,
wenn ihr in allen
den einen Jesus liebt.

Für uns ist kein Mensch so arm,
daß wir in ihm nicht
das Ebenbild Gottes sähen.

Ich sehe nicht zuerst die Armen,
sondern Jesus,
der in den Armen leidet
und sagt:
Ich war hungrig,
und ihr habt mir
zu essen gegeben ...

Die Menschen verbergen ihre Not oft, vor allem, wenn sie einmal bessere Zeiten gekannt haben. Einmal kam ein Mann zu uns, dem es früher besser gegangen war. Er sagte: „Mutter Teresa, ich kann das Zeug nicht essen, das dort ausgeteilt wird." Darauf sagte ich zu ihm: „Ich esse das jeden Tag." Er sah mich an und fragte: „Sie essen das?" Ich antwortete: „Ja." Daraufhin meinte er: „Dann werde ich es auch essen." Daß ich dasselbe aß, gab ihm den Mut, die Erniedrigung anzunehmen. Sonst wäre vielleicht Verbitterung zurückgeblieben ... Um die Armen verstehen zu können, müssen wir wissen, was Armut ist. Sonst würden wir eine ganz andere Sprache sprechen.

Alles, was wir tun, tun wir für Jesus. Unser Leben hat keinen anderen Sinn und keinen anderen Beweggrund. Das können viele nicht verstehen. Ich diene Jesus 24 Stunden am Tag, alles tue ich für ihn, und er gibt mir die Kraft dazu. Ich liebe ihn in den Armen und die Armen in ihm; doch der Herr steht immer an der ersten Stelle.

Jedesmal wenn ein Besucher zu uns kommt, führe ich ihn in die Kapelle zum Gebet und sage zu ihm: „Grüßen wir zunächst den Hausherrn. Jesus ist hier, für ihn arbeiten wir, ihm schenken wir uns. Er gibt uns die Kraft, ein solches Leben mit Freude zu führen.“

Ohne Jesus könnten wir nicht all das tun, was wir zu tun haben, zumindest nicht für ein ganzes Leben. Vielleicht für ein, zwei Jahre, aber nicht ein ganzes Leben lang – ohne ein Zeichen der Dankbarkeit, ohne etwas Gutes zu erwarten, außer daß wir mit dem leiden dürfen, der uns so sehr geliebt hat, daß er sein Leben für uns hingab. Ohne Jesus wäre unser Leben absurd und unverständlich; nur er macht es verstehbar.

Nicht ich

mußte Jesus finden.

Jesus

fand mich.

Laß nie zu, daß sich in deinem Leben die Sorge so breitmacht, daß du darüber die Freude über den auferstandenen Christus vergißt. Wir alle sehnen uns nach Gottes Himmel, doch schon jetzt dürfen wir bei Jesus sein und sein Glück teilen. Doch das heißt:

Lieben, wie er liebt,
helfen, wie er hilft,
geben, wie er gibt,
dienen, wie er dient,
retten, wie er rettet, –

vierundzwanzig Stunden mit ihm sein und ihn in seiner elendsten Verkleidung berühren.

Wenn ihr einem Durstigen
ein Glas Wasser reicht,
gebt es Jesus.
Das ist eine kleine,
einfache Lehre,
aber richtig betrachtet,
ist es die wichtigste.

Alles ist klein,
aber wenn wir es Gott geben,
wird es unendlich groß.

Der Gott,
den wir zu verkünden haben,
ist ein lebendiger Gott,
ein Gott der Liebe.
Aus unseren Herzen müssen
Worte kommen,
die den Armen
die Freude Gottes vermitteln.

Wir werden nie wissen,
wieviel Gutes
ein einfaches Lächeln
hervorbringen kann.
Ein Lächeln
ist wie eine Berührung.
Es bringt etwas
von der Wirklichkeit Gottes
in unser Leben.

Die Freude muß ein Grundzug unseres Lebens sein. Eine frohe Ordensschwester wirkt in einer Gemeinschaft wie die Sonne.
Warum hat Gott die Arbeit in den Barackenvierteln gesegnet? Nicht wegen persönlicher Qualitäten, sondern wegen der Freude, die die Schwestern ausstrahlen. Was wäre unser Leben, wenn unsere Schwestern nicht froh wären? Wir wären für niemand anziehend. Stellt euch vor, eine Schwester ginge mit traurigem Gesicht und schweren Schrittes in die Barackenviertel. Sie würde diesen armen Leuten nichts Gutes bringen, sondern ihre Niedergeschlagenheit nur vergrößern. Freude ist ansteckend; deshalb sollt ihr immer von Freude erfüllt sein, wenn ihr zu den Armen geht.

Wenn ihr lacht,
kann ich
die Musik eures Lächelns
hören.

Zu Novizinnen

Die Freude
leuchtet aus den Augen,
aus dem Gesicht
und aus jeder Bewegung.
Ihr könnt sie nicht zurückhalten,
weil sie nach außen drängt.
Wenn Menschen
das Glück in euren Augen sehen,
werden sie sich bewußt,
daß sie Kinder Gottes sind.

Immer soll ein Lächeln
auf unseren Lippen sein –
für jedes Kind, dem wir helfen,
für jeden, dem wir beistehen
oder Medizin geben.
Es wäre ein schwerer Fehler,
nur Medizin zu verabreichen:
Wir müssen unser Herz geben.

Wenn wir einen Kranken oder Bedürftigen pflegen, berühren wir den leidenden Leib Christi. Diese Berührung läßt uns das Widerstreben und die natürlichen Empfindungen vergessen. Wir müssen diese Menschen in tiefem Glauben anschauen, um Christus in ihnen zu sehen. In den zerschundenen Leibern und schmutzigen Kleidern verbirgt sich der Schönste aller Menschenkinder.
Wir bräuchten die Hände Christi, um diese von Leid und Schmerz gezeichneten Körper berühren zu können.

Die Überzeugung,
in einem Leprakranken
Christus zu berühren,
gibt mir einen Mut,
den ich sonst nicht hätte.

Unsere Arbeit mag noch so
nützlich und notwendig sein.
Doch sie wäre
eine einfache Hilfeleistung,
wenn sie nicht durchdrungen
wäre von unserem Leid.
Unser Arbeiten muß
wie das Arbeiten Christi sein.
Er hat uns erlöst,
indem er unser Los
angenommen hat,
unsere Einsamkeit,
unseren Todeskampf,
unser Sterben.

Um von den Armen
angenommen zu werden,
müssen wir leben wie sie.
Die Armut ist unsere Aussteuer.
Wir ertragen nicht die Armut,
wir entscheiden uns
aus freien Stücken für sie –
– aus Liebe zu Jesus
und zu den Armen.

Der Sari hilft den Schwestern, sich arm zu fühlen mit den Armen, sich zu identifizieren mit den Kranken, den Kindern, den verlassenen Alten. Durch ihre Kleidung teilen die Missionarinnen der Nächstenliebe die Lebensweise der Ärmsten dieser Welt.

Eines Tages habe ich ein kleines Kind gesehen, das nicht mehr essen wollte; seine Mutter war gestorben. Da habe ich eine Schwester gesucht, die seiner Mutter ähnlich sah. Ich sagte ihr, sie solle nichts anderes tun, als mit dem Kind zu spielen. Da hat es wieder Appetit bekommen.

Wir müssen für die Kinder
in den Slums
ein Bild von Jesus sein,
dem Freund der Kinder.

Vor einiger Zeit las ich ein Kind von der Straße auf, in dessen Gesicht ich sehen konnte, daß es hungrig war. Ich weiß nicht, wie viele Tage es nichts gegessen hatte. Ich gab ihm ein Stück Brot, und das Kleine begann ganz langsam eine Krume nach der anderen zu essen. Ich sagte dem Kind: „Nun iß doch das Brot!“ Da sah mich das Kind groß an und sagte: „Ich habe Angst, das Brot zu essen. Ich fürchte, wenn es zu Ende ist, werde ich wieder hungrig sein.“

Die Armut
wurde nicht von Gott geschaffen.
Die haben wir hervorgebracht,
ich und du
mit unserem Egoismus.

Die Armen sind jene, denen es an materiellen und geistigen Gütern fehlt.
Die Armen sind die Hungernden und Dürstenden ...
Die Armen sind die Heimatlosen und die Entwurzelten, die Kranken und Behinderten ...
Die Armen sind die Einsamen.
Die Armen sind die Unwissenden und die Zweifelnden.
Die Armen sind die Trostlosen.
Die Armen sind die Rüpel.
Die Armen sind die Schlechtgelaunten, die Sünder und die Spötter ...
Die Armen sind die Unerwünschten, die Außenseiter der Gesellschaft.
Die Armen – das sind auf irgendeine Weise auch wir selbst.

In einem reichen Land
ist die Armut
schwerer zu bekämpfen
als in einem armen.

Als Mutter Teresa in London ihr drittes Haus für Obdachlose eröffnete.

Gäbe es Arme auf dem Mond,
müßten wir hingehen.

In Melbourne besuchte ich einen alten, völlig vereinsamten Mann. Sein Zimmer war in einem erbärmlichen Zustand. Als ich es aufräumen wollte, sträubte er sich zunächst: „Ich fühle mich wohl hier!”, doch dann hat er es erlaubt. In seinem Zimmer stand eine wunderschöne, ganz verstaubte Lampe. „Warum zünden Sie diese Lampe nicht an?“ – „Für wen? Mich besucht doch keiner.“ – „Werden Sie die Lampe anzünden, wenn die Schwestern Sie besuchen?“ – „Ja, wenn ich eine menschliche Stimme höre, werde ich sie anzünden.“ Unlängst ließ er mir ausrichten: „Sagen Sie meiner Freundin, daß die Lampe, die sie in meinem Leben entzündet hat, immer noch brennt.“

Kalkutta
findest du in der ganzen Welt.
Du brauchst nur Augen,
um es zu sehen.
Überall gibt es Menschen,
die nicht geliebt werden,
die nicht gewollt sind,
denen niemand hilft,
die ausgestoßen
oder vergessen sind.
Das ist die größere Armut.

Für jede Krankheit
gibt es Arzneimittel
und Therapien.
Nicht aber für einen Menschen,
der einsam ist,
den niemand will.
Das ist der Aussatz des Westens.

Ich glaube, daß die Reichen
die Ärmsten der Armen sind.
Denn oft sind sie nicht glücklich.
Sie brauchen immer mehr.
Doch nicht alle sind so ...

Es ist schwierig,
die Armut zu bekämpfen,
doch schwieriger
als der Hunger nach Brot
ist der Hunger nach Liebe
zu stillen.

Das größte Übel
ist der Mangel an Liebe,
an Nächstenliebe,
die schreckliche Gleichgültigkeit
gegenüber den Nachbarn,
gegenüber denen,
die am Rand leben,
den Ausgebeuteten,
von Armut und Krankheit
Heimgesuchten.

In diesen Jahren
habe ich immer mehr
die Überzeugung gewonnen,
daß die größte Not,
die ein Mensch erleben kann,
darin besteht,
sich verlassen zu fühlen.

In London war ich eines Tages mit unseren Schwestern unterwegs, und wir trafen auf der Straße einen Jugendlichen. Ich sagte zu ihm: „Wäre es nicht besser, bei deinen Eltern zu sein?“ – „Meine Mutter mag mich nicht, da ich lange Haare habe. Immer wenn ich nach Hause komme, wirft sie mich raus.“ Wir gingen weiter. Als wir zurückkamen, fanden wir ihn: Er hatte eine Überdosis Drogen genommen. Wir brachten ihn ins Krankenhaus.
Ich dachte mir: Vielleicht sammelt seine Mutter eifrig für die Hungernden in Indien; aber sie hatte keine Liebe für ihr eigenes Kind. So etwas verletzt das Herz Jesu am meisten. Wie können wir die Armen lieben, wenn wir nicht zuerst die eigenen Kinder lieben?

Aids ist keine Strafe Gottes. Viele erkranken daran ohne irgendeine Schuld. Auch eine Schwester hat Aids bekommen durch eine Spritze. Sie ist langsam gestorben. Wir dürfen kein Urteil fällen.

Abtreibung ist deshalb so entsetzlich, weil die Mutter das Leben und die Liebe zerstört: das Leben des Kindes und das Gewissen der Mutter.

Kinder

sind Gottes schönstes Geschenk.

Jedes Kind hat das Recht,

auf die Welt zu kommen,

ob es erwünscht ist oder nicht.

Unerwünscht zu sein
ist die schlimmste Krankheit,
die einen Menschen
treffen kann.
Die einzig mögliche Heilung
sind willige, dienende Hände
und Herzen,
die nicht aufhören zu lieben.

Seid ein lebendiges Zeichen
der Güte Gottes:
Güte in eurem Gesicht,
Güte in euren Augen,
Güte in eurem Lächeln,
Güte in eurem herzlichen Gruß.

In den Slums sind wir für die Armen das Licht der Güte Gottes. Den Kindern, den Armen, allen, die leiden und einsam sind, gebt immer ein glückliches Lächeln. Schenkt ihnen nicht nur eure Fürsorge. Gebt ihnen auch euer Herz.

Liebt einander,
so wie Jesus uns geliebt hat.
Er hat für uns
sein Leben hingegeben.
Nicht weniger.
So sollten auch wir geben,
was uns am kostbarsten ist.

Jesus hat uns gebeten,
einander zu lieben,
wie der Vater ihn geliebt hat.
Und wie hat der Vater
Jesus geliebt?
Er bat ihn, für uns zu sterben.

Liebet einander ...
Hebt dieses Gebot auf,
und das ganze Werk
der Kirche Christi
bricht zusammen.

Die Werke der Nächstenliebe
sind nichts anderes
als ein Überfließen
der Liebe Gottes, die in uns ist.
Je tiefer jemand
mit Gott verbunden ist,
desto mehr liebt er
den Nächsten.

Wenn wir einander lieben
und uns den Frieden,
die Freude,
die Gegenwart des Herrn
in die Häuser tragen,
können wir alles Böse
in der Welt überwinden.

Liebe

ist eine zu allen Zeiten

reife Frucht

und in der Reichweite

jeder Hand.

Wer Liebe sät,
muß auf die Ernte
warten können.

Das Gewand der Liebe
hat einen Saum,
der sogar den Staub berührt.
So kann sie den Schmutz
von den Straßen und Gassen
wegfegen.
Und weil sie es kann,
muß sie es tun.

Wenn wir
wirklich lieben wollen,
müssen wir geben,
bis es weh tut.
Dann ist unsere Liebe
frei von uns selbst
und glaubwürdig
für die anderen.

Vor einiger Zeit hatten wir in unserem Kinderheim keinen Zukker mehr. Ein vierjähriger Junge hörte davon, ging nach Hause und sagte seinen Eltern: „Ich will drei Tage lang keinen Zucker essen. Ich gebe ihn der Mutter Teresa." Nach drei Tagen brachte er mit seinen Eltern den Zucker zu uns. Der Junge konnte kaum meinen Namen aussprechen, doch er hat mich gelehrt, wie man große Liebe hat. Es kommt nicht darauf an, wieviel man gibt, sondern daß man mit Liebe gibt. Der kleine Junge gab, bis es weh tat.

Die Liebe darf nicht
in der Tiefe des Herzens
begraben bleiben.
Denn niemand
zündet ein Licht an
und stellt es unter den Scheffel,
sondern auf den Leuchter,
damit es allen leuchte,
die im Hause sind.

Vor einigen Wochen kamen zwei junge Leute und gaben mir eine große Summe Geld für die Armen. Denn in Kalkutta haben wir viele Arme zu versorgen. Wir geben jeden Tag neuntausend Menschen zu essen.

Wir fragten die beiden, woher sie so viel Geld hätten. Sie antworteten: „Vor zwei Tagen haben wir geheiratet, und wir hatten uns entschlossen, keine teuren Kleider zu kaufen und kein großes Fest zu feiern.“ Erstaunt, daß Leute der Oberschicht so etwas taten, fragte ich sie noch einmal. Sie sagten: „Wir lieben uns so sehr, daß wir unser gemeinsames Leben damit beginnen wollten, andere zu lieben.“ So kommt die zärtliche Liebe Gottes zu den Menschen.

Was Sie tun, kann ich nicht tun; und was ich tue, können Sie nicht tun. Aber wir alle tun, was Gott uns aufgetragen hat. Wir vergessen es nur manchmal und verbringen unsre Zeit damit, auf andere zu schauen und uns zu wünschen, etwas anderes zu tun.

Warum hindert Gott uns nicht daran, Böses zu tun? Weil er den Menschen nicht als Automaten, sondern nach seinem Bild erschaffen hat, also als einen freien Menschen. Wenn wir einen Menschen mit allen Fasern unseres Herzens lieben, möchten wir, daß er in aller Freiheit darauf antworten kann.
Gott liebt uns unbeschreiblich und läßt uns die Freiheit zu einer radikalen Entscheidung: Er stellt es uns frei, zu lieben oder die Liebe zurückzuweisen, etwas von der herrlichen Gemeinschaft in Christus auszustrahlen oder uns von ihm loszureißen und auch anderen den Durst nach dem lebendigen Gott zu verleiden. Gott läßt uns frei wählen und sieht dennoch dem Menschen nicht untätig zu. Er leidet mit ihm.

Das mit Christus geteilte Leid ist ein wunderbares Geschenk, ein Zeichen seiner Liebe. Wie gut ist doch Gott, daß er euch so viel Leid und so viel Liebe schenkt. Das gibt mir eine große Freude und gibt mir Kraft. Euer aufopferndes Leben ist mir Hilfe. Eure Gebete und euer Leid sind wie der Kelch, in den wir das Leid der Menschen hineinlegen können, denen wir in unserem Einsatz begegnen. Deshalb seid ihr ebenso unentbehrlich wie wir. Mit euch zusammen vermögen wir alles in dem, der uns stärkt.

An kranke Mitarbeiterinnen

Wenn uns Leid trifft,
nehmen wir es
mit einem Lächeln an.
Darin besteht
die größte Gabe Gottes:
mit einem Lächeln
alles annehmen zu können,
was er uns gibt
und von uns fordert.

Die wahre Heiligkeit
besteht darin,
mit einem Lächeln das zu tun,
was Gott will.
Manchmal
fällt es mir sehr schwer,
Jesus zuzulächeln;
denn von mir verlangt er
sehr viel.

Anfangs glaubte ich,
bekehren zu müssen.
Inzwischen habe ich gelernt,
daß es meine Aufgabe ist
zu lieben.
Und die Liebe bekehrt,
wenn sie will.

Suchen wir nicht das Außergewöhnliche. Es kommt darauf an, daß wir uns selbst geben. Es zählt die Liebe, mit der wir etwas tun. Unsere Schwestern tun kleine Dinge: Sie helfen den Kindern, besuchen die Einsamen, die Kranken, die Notleidenden. Wenn mir jemand sagt, daß unsere Schwestern nur die gewöhnlichen Arbeiten verrichten, antworte ich, sie hätten schon genug getan, wenn sie auch nur einer einzigen Person helfen würden. Jesus wäre auch für einen einzigen Menschen gestorben.

Seien wir treu in den kleinen Dingen; denn darin liegt unsere Kraft. Für Gott ist nichts klein.

Maria ist für uns
Ursache der Freude,
denn sie hat uns Jesus geschenkt.
Auch wir können für andere
Ursache der Freude werden,
indem wir ihnen Jesus schenken.
Heute hungern die Menschen
mehr denn je nach Jesus.
Er ist die einzige Antwort,
wenn wir wirklich
Frieden wollen
in dieser Welt.

Maria:

Gottes schönstes Geschenk

an die Menschen.

Ich bin gezwungen zu ertragen, daß ich berühmt wurde. Das nutze ich für die Liebe zu Jesus. Wenn man von mir spricht, sprechen Zeitungen und Fernsehen von den Armen. So wird Aufmerksamkeit geweckt für sie. Es lohnt also, die Last auf sich zu nehmen.

Vor vielen Menschen

zu sprechen

ist für mich ein Martyrium.

Es fällt mir leichter,
einen Aussätzigen zu waschen,
als auf die Fragen
eines Journalisten zu antworten.

Ein amerikanischer Journalist sagte zu Mutter Teresa:
„Was Sie machen, würde ich nicht für eine Million Dollar machen."
Ihre Antwort: „Ich auch nicht."

Nicht was wir sagen,
ist wichtig,
sondern was Gott
durch uns sagt.

Worte, die nicht
das Licht Christi bringen,
vergrößern nur die Dunkelheit.

Schreibt niemals etwas anderes als die Wahrheit – immer. Und das, was Jesus sagt, ist die Wahrheit. Schreibt niemals um der Sensation willen, noch um Erregung zu provozieren. Die Leute werden zu dem, was sie lesen! Jemand hat gesagt: Sag mir, was du liest, und ich sage dir, wer du bist. Wem Gott Fähigkeiten und Macht gegeben hat, sollte sie nur zum Lobpreis Gottes und zum Wohl der Menschen einsetzen.

Zu Journalisten

Frage eines Journalisten:
„Was meinen Sie, was sich
in der Kirche ändern sollte?"
Mutter Teresa:
„Sie und ich."

Was in der äußerlichen Geschichte der Kirche geschehen ist, wird vergehen. Für Christus ist es immer die gleiche Kirche, heute, morgen, gestern.
Die Apostel spürten genauso Angst und Mutlosigkeit, auch sie kannten Erfolglosigkeit und Untreue, und doch hat Christus sie nicht ausgeschimpft, sondern einfach zu ihnen gesagt: Meine Kindlein, habt Glauben! Warum fürchtet ihr euch?
Ich möchte, daß auch wir lieben, wie er geliebt hat.

Die Menschen suchen nicht eure Talente, sondern Gott in euch. Führt sie zu Gott, nie zu euch selbst. Wenn ihr die Menschen nicht zu Gott hinführt, sucht ihr euch selbst, und ihr werdet geliebt um euretwillen. Aber nicht, weil ihr sie an Jesus erinnert.

Zu Priestern

Wer von Freude erfüllt ist,
predigt, ohne zu predigen.

Die Bäume, die Blumen,
die Kräuter,
sie wachsen in der Stille.
Die Sterne, die Sonne,
der Mond,
sie bewegen sich in der Stille.
Die Stille gibt uns
eine neue Sicht der Dinge.

Das Leben ist lebendig.

Schütze es.

Denkt darüber nach,

daß er,

der Schöpfer des Universums,

Zeit hat –

für euch,

seine kleinen Geschöpfe.

Das Gebet
gibt uns ein reines Herz,
und ein reines Herz ist fähig,
Gott zu schauen.

Friede ist für mich Einssein mit Gott. Christus ist Gottes Friede. Mein Herz ist offen für ihn. Ich habe ihm mein Leben gegeben. Und je mehr ich an ihn glaube, desto mehr verstehe ich: Er ist der Friede ...
Für Christus waren alle Menschen Brüder und Schwestern. Wenn wir seiner Liebe nachfolgen, dann wird der Krieg verschwinden. Wenn jeder da, wo er lebt, Jesus Christus ernst nimmt, dann wird Friede sein.

Die Frucht des Schweigens
ist Beten.
Die Frucht des Betens
ist Glauben.
Die Frucht des Glaubens
ist Liebe.
Die Frucht des Liebens
ist Dienen.
Die Frucht des Dienens
ist Frieden.

Friede geht von dem aus,
der Liebe sät
und sie zu Taten reifen läßt.
Wir sind geboren,
um zu lieben
und geliebt zu werden.

Wir brauchen die Augen des Glaubens, um in den hinfälligen Körpern und den schmutzigen Kleidern Christus, den schönsten der Menschenkinder, zu erkennen.

Wir brauchen die Hände Christi für diese Körper, die vom Leid gezeichnet sind.

Mit der Liebe, mit der Verehrung und mit dem Glauben, mit dem der Priester die heilige Hostie erhebt, müssen wir den Leib des Armen berühren, der dahinsiecht.

Wenn wir beten,
werden wir zu einem Strahl
der Liebe Gottes:
bei uns zu Hause,
dort, wo wir leben,
und schließlich
für die ganze große Welt.

Wie groß ist die Liebe,
die Jesus uns
in der Eucharistie zeigt!
Er wird selbst
zum Brot des Lebens,
um unseren Hunger nach Liebe
zu stillen.
Und er wird selbst
zum Hungrigen,
damit wir
seine Liebe zu uns
stillen können.

Wir beginnen unseren Tag, indem wir versuchen, Christus in der Gestalt des Brotes zu sehen. Während des Tages fahren wir fort, ihm in den ausgemergelten Körpern unserer Armen zu begegnen.

Die Quelle,
aus der ihr schöpft,
muß nur tief genug sein.
Dann werden die, die ihr liebt,
früher oder später merken,
wo sie entspringt.

Wir wollen es
dem lieben Gott überlassen,
Pläne für die Zukunft
zu schmieden;
denn das Morgen
ist noch nicht da.
Wir haben nur das Heute,
um den Menschen zu helfen,
um Gott zu erkennen,
ihn zu lieben
und ihm zu dienen.

Christus hat uns gesagt,
daß wir uns nicht
um das Morgen sorgen sollen;
denn es liegt in der Hand Gottes.
Deshalb bekümmert uns
die Zukunft nicht.
Außerdem ist Jesus stets derselbe:
gestern, heute und morgen.
Er bleibt sich immer gleich.
Und auf ihn allein kommt es an.

Jesus ist
das Wort, das ich sprechen will,
die Wahrheit,
die ich verkünden will,
der Weg, den ich gehen will,
das Licht, das ich anzünden will,
das Leben, das ich leben will,
die Liebe, die ich ausstrahlen will,
die Freude, die ich geben will,
der Friede, den ich bringen will.

Jesus ist der Hungrige,
dem ich zu essen geben will.
Jesus ist der Dürstende,
dem ich zu trinken geben will.
Jesus ist der Nackte,
dem ich Kleidung geben will.
Jesus ist der Heimatlose,
den ich aufnehmen will.
Jesus ist der Kranke,
den ich pflegen will.
Jesus ist der Einsame,
den ich lieben will.
Jesus ist der Ungewollte,
den ich annehmen will.
Jesus ist das verlassene Kind,
das ich aufnehmen will.
Jesus ist der Drogenabhängige,
dem ich Freund sein will.
Jesus ist die Prostitutierte,
die ich der Gefahr entreißen will.
Jesus ist der Alte,
um den ich mich kümmern will.

Weil wir Christus
nicht sehen können,
können wir ihm nicht sagen,
wie sehr wir ihn lieben.
Aber unseren Nächsten sehen wir,
und für ihn können wir tun,
was wir so gern
für Christus täten,
wenn er sichtbar wäre.

Für mich ist Jesus
mein Gott,
mein Bräutigam,
mein Leben,
meine einzige Liebe,
in allem mein Alles,
mein Ein und Alles.
Ich liebe ihn
mit meinem ganzen Herzen,
mit meinem ganzen Sein.

Ich habe Jesus alles gegeben,
sogar meine Sünden,
und er hat mich
zur Braut genommen
in Zartheit und Liebe.
Jetzt und für mein ganzes Leben
bin ich die Braut
meines gekreuzigten Bräutigams.

Viele sterben, wie sie gelebt haben. Der Tod ist nichts anderes als eine Fortsetzung des Lebens, seine Vollendung ...
Dieses Leben ist nicht das Ende; wer glaubt, es sei das Ende, fürchtet den Tod. Wenn man die Menschen überzeugen könnte, daß der Tod nichts anderes ist als der Heimgang zu Gott, gäbe es keine Furcht mehr.

Frage an Mutter Teresa: „Haben Sie Angst vor dem Tod?"
Ihre Antwort: „Warum?"

Jesus schenkt uns für das ganze Leben seine persönliche Freundschaft und hüllt uns in Zärtlichkeit und Liebe ein.
Es ist etwas Wunderbares, daß Gott selbst uns zärtlich liebt. Unser Mut und unsere Freude kommen aus der Gewißheit, daß nichts uns von der Liebe Christi trennen kann.

Erst im Himmel
werden wir entdecken,
was wir den Armen
dafür schulden,
daß sie uns geholfen haben,
Gott besser lieben zu können.

Die Deutsche Bibliothek –
CIP-Einheitsaufnahme

Teresa <Mother>:
Wie ein Tropfen im Ozean :
hundert Worte von Mutter Teresa /
hrsg. von Wolfgang Bader.
- 1. Aufl. - München ; Zürich ; Wien :
Verl. Neue Stadt, 1997
(Aus der Reihe Hundert Worte)
ISBN 3-87996-374-6

1. Aufl. 1997

Umschlagfoto: Città Nuova Ed., Rom
Gestaltung und Satz: Neue-Stadt-Graphik
Druck: MZ-Verlagsdruckerei, Memmingen
ISBN 3-87996-374-6

In der gleichen Reihe sind erschienen:

Wo Liebe sich freut, ist ein Fest
Hundert Worte über die Liebe
ISBN 3-87996-358-4

Freunde weiten das Herz
Hundert Worte über die Freundschaft
ISBN 3-87996-357-6

Glück braucht offene Türen
Hundert Worte über das Glück
ISBN 3-87996-369-X

Schweigen hat seine Zeit
Hundert Worte über das Schweigen
ISBN 3-87996-372-X

In der Kraft des Kreuzes
Hundert Worte von Edith Stein
Herausgegeben von Waltraud Herbstrith
ISBN 3-87996-370-3

VERLAG NEUE STADT
MÜNCHEN · ZÜRICH · WIEN